FACULTÉ DE DROIT DE TOULOUSE.

Acte Public

POUR LA LICENCE.

MARIE ESCUDIER,
IMPRIMEUR-LIBRAIRE, RUE SAINT-ROME, 26.

1835.

Faculté de Droit de Toulouse.

ACTE PUBLIC

POUR LA LICENCE,

En exécution de l'art. 4, tit. 2, de la loi du 22 ventôse, an 12.

SOUTENU PAR

M. Arnal, (Jean-Charles-Ferdinand),

Né à Alzon (Gard).

La justice est le premier besoin des peuples.

JUS ROMANUM.

INST. LIB. II., T T. I. — *De rerum divisione.*

Res inter se naturâ differunt : sunt enim mobiles, vel immobiles; corporales vel incorporales; divini vel humani juris.

Divini juris sunt quæ ad usum divinum quodammodò comparatæ sunt : triplex earum species, sacra, religiosa, sancta.

Et 1° Sacra vocantur, quæ Deo ritè consecratæ sunt : mobiles, vel immobiles, ritè consecrantur publicè, non privatìm, per eum quem oportet. Proprietas harum rerum prorsùs nullius, nec proindè fieri potest, exceptis tamen mobilibus sacris, quæ alienari possunt ob alienum æs ecclesiæ solvendum, si nihil aliud supersit (nov. 120. — Cap. 20.) ob redemptionem captivorum...

2° Sancta intelliguntur, quæ ad defendendam civitatem, ut muri et portæ, inventa sunt : divini juris habentur propter similitudinem solam quæ ipsis est cum rebus sacris et religiosis.

3° Religiosa sunt, quæ sepulturæ destinata sunt : locum religiosum tria faciunt : Illatio mortui, personæ inferentis, et locus in quem infertur, si sit immobilis et inferentis in dominio, vel si domini consensus accedat.

Res humani juris publicæ vel privatæ sunt: inter publicas, publicæ in specie, communes et universales sunt.

1° Publicæ res quæ specialiter ità accipiuntur, sunt quæ finibus alicujus gentis, ut flumina et portus includuntur.

2° Communes sunt, quæ primùm naturâ proditæ, in nullius dominium adhuc pervenerunt. Communia quatuor : aer, mare, littus maris, aqua profluens. Proprietas harum rerum nullius, ideòque nec ullum earum commercium.

3° Universitatis dicuntur quæ unaquæque civitas sibi constituit, ut usibus civium deserviant.

Res privatæ sunt illæ quæ jure civili, vel naturali quisquis sibi acquisivit.

Res quædam deniquè sunt nullius, vel quia nullius adhuc in dominium pervenerunt, ut feræ, pisces et apes : vel quia, cùm alicujus fuerint, posteà ejus esse desierunt. De his duobus rerum speciebus, hæc juris regula est : *Quod anteà nullius est, hoc primo occupanti conceditur.*

Agitur in sexto et vigesimo paragrapho, de accessione, quâ jure gentium, acquirimus dominium vi et potestate rei nostræ.

Triplex accessionis distinguitur species, nimirûm : naturalis, industrialis et mixta.

Per accessionem naturalem acquirimus dominium rerum quæ nostris procreantur aut quæ ipsis accedunt : sic in nostram potestatem veniunt fætus animalium, et incrementum, si verùm est latens, per alluvionem agro nostro adjectum.

Per industrialem accessionem quæ solâ voluntate hominis fit, naturâ nunquàm adjuvante, acquirimus quatuor modis : per specificationem, confusionem, commixtionem et adjunctionêm.

De singulis modis acquirendi specialiter tractandum est.

1º Specificatio definitur : confectio novæ speciei ex alienâ materiâ, verbi gratiâ si quis ex alieno marmore columnam, vel ex alienis uvis vinum fecerit ; undè sequitur formam et materiam in specificatione comprehendi. Utrà sit autem principalis bipartitnm est diù Romæ jurisperitos. Proculiani dominium totius confetori, Sabiniani contrà totum domino materiæ concedendum existimabant. Mediam sententiam amplecti imperatori placuit, et controversiæ termini imponendi causâ, voluit eum esse dominum ad quem materia pertinebat, si species ad priorem et rudem materiam reverti poterat; si contrà, confectorem. Sed in utroque casu, superiori facto damnum dominus præstabat.

2º Per industrialem accessionem secundus acquirendi modus est confusio : ne prætermittamus permixtionem liquidorum tantùm confusione intelligi.

3º Confusionem et commixtionem dissimiles regulæ regunt, nàm ut permixtio solidarum rerum quæ semper dividi possunt, commixtio nominari solet, instituit Justinianus, illam esse communem, si voluntate quidem dominorum evenerit, et si contrà, suum quemque repetiturum; res liquidas autem esse communes, vel ultrò, vel fortuito casu permixtas.

4º Ultimus deniquè modus, est adjunctio quæ fit, cùm res aliena nostræ adjúngitur. Quatuor species adjunctionis accipiuntur, nimirùm ; intextura, inædificatio, scriptura et pictura, de quibus hæ sunt regulæ juris : *accessorium cedit principali — superficies solo cedit.*

Tertia species accessionis est mixta nomine, quia ex naturali et industriali procedit. Duplicem modum distinguendum est.

Implantatio, nàm ut dixit imperator, ratio non permittit, ut alterius arbor esse intelligatur, quàm cujus in fundum radices egerit.

Satio, frumenta enim quæ sata sunt accessorium fundi accipiuntur, et *superficus solo cedit,*

CODE CIVIL.

Lit. iii, Tit. ii. — *Des Donations entre-vifs et des Testamens.*

Avant d'entrer en matière, nous devons poser quelques principes généraux sur la manière de disposer, sur la capacité et l'incapacité de recevoir, et déterminer jusqu'à quel point un donateur peut déroger au système de succession établi par la loi : ce sera le sujet de trois paragraphes particuliers.

PARAGRAPHE 1er.

La loi ne reconnaît en général que deux modes de disposer à titre gratuit, la donation entre-vifs et le testament dont nous parlerons plus tard.

Suivant l'art. 894, les caractères propres à la donation entre-vifs sont le dépouillement actuel et irrévocable du donateur, et l'acceptation du donataire, d'où il suit que la donation est un contrat ; elle peut donc être soumise à telle condition qu'il plaît au donateur d'imposer ; si pourtant cette condition est moralement ou physiquement impossible, elle est réputée non écrite (900.)

§ II.

Pour faire une donation entre-vifs, il faut être sain d'esprit; mais il est plus général de dire que tout individu peut disposer entre-vifs, s'il n'en est déclaré incapable par la loi, tel que le mort civilement, le mineur âgé de moins de seize ans, et le mineur devenu majeur, à l'égard seulement de celui qui a été son tuteur, si la disposition n'a été précédée de la reddition et de l'apurement du compte définitif de la tutelle, à moins que ce tuteur ne soit aussi son ascendant.

Quant à la capacité de recevoir, le législateur pose en principe qu'il suffit d'être conçu au moment de la donation, si toutefois celui qui en est l'objet naît viable, et s'il n'en est déclaré incapable par la loi. Cette capacité de donner et de recevoir par donation entre-vifs est requise au moment de la disposition.

§ III.

C'est surtout en faveur des ascendans et des descendans que la loi limite à une certaine portion la faculté de disposer.

La portion disponible pour celui qui laisse des enfans, se règle sur leur nombre (913), et à défaut de ceux-ci, elle est plus ou moins considérable, selon qu'il laisse des ascendans dans chacune des lignes paternelles et maternelles, ou dans l'un des deux seulement (915.) Si le donateur s'écarte de ces limites, la loi réduit ses dispositions sur la demande des intéressés ou de leur ayant-cause. Les art. 922 et 926 règlent la manière de procéder à cette réduction, et les immeubles ainsi recouvrés, sont affranchis des dettes et hypothèques créées par le donataire.

Il ne nous reste plus à parler que de la forme et des conditions des donations. Elles se divisent en *intrinsèques* et *extrinsèques*.

Les premières consistent, 1° à consentir la donation devant un notaire qui doit en retenir minute, à peine de nullité; 2° à transcrire au bureau des hypothèques de l'arrondissement, dans lequel les biens sont situés, la donation lorsquelle est de biens susceptibles d'hypothèques, ainsi que l'acceptation, et la notification qui en est faite, si la donation n'a pas été acceptée lors du contrat. Cette transcription s'opère par les soins du donataire ou par ceux des personnes désignées dans l'art. 940, à peine pour le donataire de ne pouvoir être relevé du défaut de transcription, qui peut être opposé par tous les intéressés, excepté par le donateur et les personnes chargées de faire cette même transcription.

Les conditions *extrinsèques* n'existent qu'autant que la donation est gratuite, qu'elle entraîne un dépouillement actuel et irrévocable et que le donataire l'a acceptée.

Cependant, malgré la rigueur du principe de l'irrévocabilité, l'art. 953 renferme trois exceptions.

Ajoutons que l'action en révocation étant inhérente à la personne du donateur, lui seul peut l'intenter contre le donateur lui-même, dans l'année, à compter du jour où il a eu connaissance du délit imputé; mais les héritiers peuvent poursuivre l'affaire, même contre ceux du donataire.

Pour ce qui regarde l'acceptation, elle doit être expresse et peut être faite par un fondé de pouvoir; dans ce cas elle n'a d'existence à l'égard du donateur, que du jour où elle lui a été signifiée.

Sect. 1re. — *Des Dispositions testamentaires.*

On distingue trois sortes de testament, savoir : le testament *olographe* — par *acte public* — *mystique* ou *secret.* Diverses formalités sont requises pour leur validité; ainsi le premier n'a d'effet qu'autant qu'il est écrit en entier, daté et signé de la main du testateur.

Le deuxième doit être reçu par deux notaires, en présence de deux témoins, ou par un notaire en présence de quatre témoins. dans les deux cas, il est dicté aux notaires par le testateur et il est écrit par l'un d'eux, tel qu'il a été dicté. Le testament rédigé, il doit être lu au testateur en présence des témoins, et l'acte doit faire du tout mention expresse. Il doit aussi être signé par le testateur, et s'il déclare qu'il ne sait ou ne peut signer, il est fait mention expresse de sa déclaration, ainsi que de son empêchement. Enfin, il doit être signé par le notaire et par les témoins. Cet acte est de plus soumis aux formalités de tous les actes authentiques.

Nous nous bornerons à dire que les articles 976, 977, 979 énumèrent les formalités voulues pour le testament *mystique* et que l'omission de la plupart d'entr'elles rend la disposition nulle ; du reste un testament ne peut jamais être fait dans le même acte, par deux ou plusieurs personnes au profit d'un tiers, ou à titre de disposition réciproque et mutuelle.

Section IIe.

Le législateur s'occupe ici des conditions requises pour la validité de certains autres testamens, tels que ceux faits à la guerre, en temps de peste..... La clarté des dispositions de la loi nous dispense de tout développement à cet égard : Disons seulement que la peine de nullité est attachée à leur omission.

Section IIIe.

Les dispositions testamentaires sont ou universelles, ou à titre universel, ou à titre particulier. Peu importe la dénomination qu'on leur a donnée, elles produiront toujours leur effet suivant les règles établies ci-après pour les legs universels ou pour les legs à titre universel, ou pour les legs particuliers.

Section IVe.

Le legs universel est la disposition testamentaire par laquelle le testateur donne à une ou plnsieurs personnes l'universalité des biens qu'il laissera à son décès; dans le second cas, les légataires devront nécéssairement être institués *conjointement*. Mais comment seront-ils investis des biens de la succession? on distingue : s'il y a des héritiers à réserve, c'est à ceux-ci qu'ils seront tenus d'en demander la délivrance. Dans le cas contraire, ils seront saisis de plein droit en se conformant toutefois aux dispositions des art. 1007, 1008, si le testament est *olographe* ou *mystique*.

Section Ve.

Par le legs à titre universel, on lègue une quotepart des biens disponibles, ou tous ses meubles, ou tous ses immeubles, ou une quotité fixe d'iceux. Le légataire est tenu de demander la délivrance aux héritiers à réserve, à leur défaut aux légataires universels, et en leur absence, aux héritiers appelés dans l'ordre établi par la loi; de même que le légataire universel, il est tenu des charges de la succession, personnellement pour sa part, et hypothécairement pour le tout.

Section VIe.

Tout legs qui n'appartient pas aux deux classes dont nous venons de parler, est un legs particulier. — Quelle que soit la nature du legs, universel ou particulier, il produit du jour même du décès du testateur, s'il est pur et simple, ou du jour de l'avènement de la condition, un droit transmissible aux héritier du légataire; mais il est tenu cependant d'en demander délivrance, pour faire les fruits siens. Cette règle ne reçoit d'exception que dans les cas énumérés par l'art. 1015.

A la différence du droit romain, le Code ne permet dans aucun cas de léguer la chose d'autrui; cependant le legs de la chose de l'héritier est valide, s'il paraît certain que c'est une condition de la libéralité.

Enfin, la capacité pour tester est requise au moment où la disposition a été faite, et au moment de la mort de son auteur.

Cette analyse serait trop incomplète, si nous ne disions mot de la révocation et de la caducité des testamens.

Le testament est un acte essentiellement révocable, et le testateur lui-même ne peut pas s'engager à ne pas le changer.

Il est révoqué en tout ou en partie par un testament postérieur ou par acte devant notaire, portant déclaration du changement de volonté; quant au testament postérieur qui ne révoque pas formellement les précédens, il n'en détruit que les dispositions incompatibles avec les nouvelles. Cette révocation est quelquefois tacite, dans le cas par exemple où le testateur aliène l'objet légué.

Sans être révoqué, le testament peut dans plusieurs cas ne pas produire son effet. Il est dit alors *caduc*, c'est ce qui arrive lorsque l'héritier le répudie, ou lorsqu'il meurt avant le testateur, ou avant l'avènement de la condition, si le testament était conditionnel.

CODE DE PROCÉDURE.

Liv. ii. Tit. iv. — *De la communication au ministère public.*

Les mots de ministère public sont employés pour désigner la personne du procureur général et des avocats généraux attachés aux cours royales, et celle du procureur du roi et de ses substituts près les tribunaux civils. Les fonctions de ces magistrats consistent à rechercher les auteurs des crimes, délits et contraventions, et à requérir contre eux l'application de la peine qu'ils ont encourue. Ils veillent en ce sens au repos et à l'ordre de la société. Ils sont aussi chargés de l'exécution des jugemens et de la police des audiences, ainsi que l'a décidé la cour de cassation par un arrêt du 3 novenbre 1806.

Ils agissent toujours au criminel par *voie d'action*, c'est-à-dire comme *partie principale*, et le plus souvent au civil, par *voie de réquisition*, c'est-à-dire comme *partie jointe* : ainsi leur assistance est requise dans les causes qui concernent l'ordre public, l'état, le domaine, les communes, les établissemens publics, les dons et legs au profit des pauvres, l'état des personnes, les tutelles et déclinatoires sur incompétence. — M. Pigeau prétend que la loi n'a voulu parler que des déclinatoires sur incompétence *ratione metériæ*; cette opinion n'est pas sans fondement, mais il paraît cependant, d'après ce qui fut dit lors de la discussion du présent titre, que la loi n'a voulu établir aucune distinction entre les deux incompétences.

On leur communique aussi les demandes en réglement de juges, en réclamation et renvoi pour parenté et alliance, les prises à partie, les causes des femmes non autorisées par leurs maris, ou même autorisées, lorsqu'il s'agit de leur dot et qu'elles sont mariées sous le régime dotal, les causes des mineurs, et généralement toutes celles où l'une des parties est défendue par un curateur, et enfin, celles qui intéressent un absent présumé. Le législateur ne borne pas là les devoirs de ces magistrats. Il leur permet de prendre communication de toutes les causes dans lesquelles ils croient leur intervention nécessaire. Le tribunal peut même l'ordonner d'office. (art. 47, 69, 227, 249, 251, 311, 359, 371, 372.)

La communication au ministère public, n'a été introduite que dans l'intérêt de l'état, de la loi ou de certaines personnes présumées trop faibles pour faire valoir leurs droits, elle s'opère par l'intermédiaire de l'avoué avant l'audience, et dans les causes contradictoires, trois jours avant la plaidoirie, sous peine du rejet de la taxe.

Nous ferons observer, que lorsque le ministère public agit par *voie d'action*, il n'est pas nécessaire que le même magistrat assiste à l'instruction entière d'une cause qui demande plusieurs audiences pour être expédiée : divers membres du parquet peuvent assister à ces diverses audiences, parce qu'étant *partie principale*, le ministère public est maître de la cause, *dominus litis*, et qu'il n'est pas tenu par conséquent, comme quand il est *partie jointe*, de suivre les débats avec attention pour donner son avis, avec connaissance de cause et ne pas compromettre une affaire qu'il n'est appelé à défendre que subsidiairement. On dit alors qu'il y a *unité de ministère public*. Si le procureur du roi ni ses substituts, ne peuvent tenir l'audience pour cause d'absence ou d'empêchement, l'art. 84 de notre code dispose qu'ils seront remplacés par l'un des juges ou suppléans. Remarquons encore qu'après que le ministère public a été entendu, les parties ne peuvent plus prendre la parole, elles ne peuvent remettre que de simples notes énonciatives touchant les faits qu'elles disent avoir été rapportées d'une manière fausse ou incomplète.

Tit. v. — *Des audiences, de leur publicité et de leur police.*

La publicité des audiences a toujours été regardée, comme la garantie la plus sûre contre l'arbitraire et l'injustice. Ainsi l'art. 87 porte-t-il en termes formels que les plaidoiries doivent avoir lieu publiquement, excepté dans les cas où la loi veut qu'elles soient secrètes ; il autorise cependant le tribunal à ordonner qu'elles se feront à huis clos, si la discussion publique devait entraîner du scandale ou des inconvéniens graves, à condition toutefois qu'il sera tenu d'en délibérer et de rendre compte de sa délibération au procureur général près la cour royale, et au ministre de la justice, s'il s'agit d'une cour royale : du reste, dans tous les cas, le jugement doit être rendu publiquement, et mentionner même, à peine de nullité, l'accomplissement de cette formalité.

Le droit de défense étant sacré, puisqu'il est établi par le droit naturel et reconnu chez tous les peuples, on ne saurait, sans porter atteinte à la liberté de l'homme, empêcher les parties de présenter elles-mêmes leur défense ; cependant comme il leur importe de ne pas compromettre leur cause par leur inexpérience, et qu'il est du devoir des juges de se pénétrer du mérite de la demande et de la défense, la loi les autorise à leur refuser ce droit.

Vu l'influence que l'opinion d'un magistrat ou d'un juge en activité de service pourrait exercer sur l'esprit d'un tribunal, et la nécessité de ne pas les distraire de leurs fonctions, l'art. 86 leur défend de donner leur avis de quelque manière que ce soit, dans d'autres causes que celles qui les intéressent eux-mêmes, leurs femmes, leurs pupilles ou leurs parens et alliés en ligne directe.

Les articles 88... 92 s'occupent de la manière dont doivent se tenir ceux qui assistent à l'audience, et des peines à leur appliquer en cas de contravention. Nous nous bornerons à dire que l'on pense généralement que l'art. 89 a été modifié par l'art. 504 du code d'instruction criminelle ; l'art. 91 par les articles 222, 223, 228 du code pénal, et l'art. 92 par les art. 506, 508 du code d'instruction criminelle.

CODE DE COMMERCE.

Liv. 1, Tit. 3. — Sect. 2. — *Des Contestations entre Associés et de la manière de les décider.*

Les matières commerciales étant de leur nature exclusives de tout retard, la loi a voulu que les contestations entre associés, et pour raison de la société, fussent jugées par des arbitres qui sont de véritables juges investis du pouvoir de tous les tribunaux. : mais ils ne peuvent pas prononcer valablement sur la question de validité ou d'invalidité de l'acte qui la constitue, ainsi que l'a décidé un arrêt rendu par la cour de Trèves, le 5 février 1810.

Ils peuvent être nommés de quatre manières différentes, savoir : par acte sous-seing privé, par acte notarié, par acte extra-judiciaire et par un consentement donné en justice. Lors de cette nomination, les parties doivent déterminer, pour rendre le jugement, un délai qui, à leur défaut, est fixé par le tribunal. Cependant le compromis qui ne fixerait pas de délai ne serait pas nul; il donnerait lieu seulement à l'application de l'art. 1007 du code de procédure civile. Le tribunal nomme aussi des arbitres pour celles des parties qui ont négligé de les nommer.

Les experts ainsi commis, voyons de quelle manière ils procèdent. Et d'abord, ils doivent se faire remettre par les parties leurs pièces et mémoire. Un associé retarde-t-il d'opérer cette remise, il est tenu de l'effectuer dans les dix jours de la sommation qui lui en est faite par les arbitres, qui peuvent encore proroger ce délai, si l'associé justifie d'un empêchement légitime; et s'il n'est pas accordé de prorogation, ou si le nouveau délai est expiré, les arbitres prononcent d'après les pièces qui leur ont été remises.

En cas de partage, le tribunal nomme un sur-arbitre, s'il n'y en a pas de nommé, et si les arbitres n'ont pas pu s'accorder sur le choix. Cette formalité remplie, ils terminent leur mission en déposant au greffe du tribunal de commerce, leur jugement qui doit être motivé à peine de nullité et rendu nécessairement exécutoire dans les trois jours du dépôt par une ordonnance du président du tribunal.

Le jugement arbitral exécutoire par provision, ne peut être attaqué que par l'appel à la cour royale, ou par le pourvoi en cassation, si toutefois les parties n'y ont pas renoncé; mais un mineur ou autre incapable intéressé dans une contestation relative à une société, peut-il stipuler cette renonciation ? On distingue : s'il est lui-même commerçant, on lui en accorde la faculté, et on la lui refuse dans le cas contraire. Enfin, nous ferons observer que les dispositions ci-dessus, sont communes aux veuves, héritiers ou ayant cause des associés (art. 62), et que toutes les actions contre associés non liquidateurs, et leurs veuves, héritiers ou ayant cause, se prescrivent par cinq ans, à dater de la fin ou de la dissolution de la société, si l'acte qui la constitue en énonce la durée, ou si l'acte de dissolution a été affiché et enregistré selon le mode voulu par les articles 42, 43, 44, 46, et si depuis l'accomplissement de cette formalité, la prescription n'a été interrompue à leur égard par aucune poursuite judiciaire.

Indépendamment des règles ci-dessus énoncées, plusieurs de celles introduites par le code de procédure civile, pour l'arbitrage volontaire, sont applicables à l'arbitrage forcé (1009—1014—1015—1016—1018—1020).

Tit. 4. — *Des Conventions matrimoniales et des séparations de biens.*

Il convient, pour plus de clarté, de diviser cette matière en deux paragraphes.

§ 1. — *Des Conventions matrimoniales.*

La loi, sentant l'intérêt que les tiers peuvent avoir à ne pas ignorer les rapports qui existent entre un commerçant et son conjoint, prononce (art. 67) que tout contrat de mariage entre époux, dont l'un est commerçant, doit être transcrit dans le mois de sa date aux greffes et chambres désignées par l'art. 872 du code de procédure civile, pour être exposé au tableau, conformément au même article. L'extrait doit aussi mentionner le régime sous lequel les époux sont mariés, et s'ils sont séparés de biens. Pour assurer l'exécution de cette formalité, l'art. 68 de notre code prononce des peines contre le notaire qui a reçu le contrat de mariage sans opérer la remise ordonnée par l'article précédent, et alors les parties ne sont pas recevables à se prévaloir d'un acte qu'elles ont tenu secret, et qui n'a pas reçu une publicité qui lui est essentielle.

§ 2e. — *Des Séparations de Biens.*

En thèse générale, les époux mariés sous le régime de la communauté, ne peuvent nullement la faire cesser par l'effet de leur seule volonté. La séparation de biens ne peut être demandée que par la femme, faut-il encore même, pour qu'elle puisse intenter cette action, que sa dot soit en péril, ou que le désordre des affaires du mari donne lieu de craindre que ses biens seront insuffisans pour remplir les droits et les reprises de son conjoint.

La demande en séparation de corps entre parties dont l'une est commerçante, est portée, instruite et jugée devant les tribunaux civils de la même manière que celle qui est formée contre des individus non commerçans. Le jugement qui l'ordonne doit être lu publiquement à l'audience du tribunal de commerce, et il est soumis aux formalités énumérées dans l'art. 872 du code de procédure civile, à défaut de quoi, les créanciers sont toujours admis à s'y opposer pour ce qui touche leurs intérêts, et à contredire toute liquidation qui en aurait été la suite.

La loi assimilant au commerçant séparé de biens, celui qui, marié sous le régime dotal, embrasse la profession de commerçant, le soumet en conséquence à remplir les formalités voulues par l'art. 67 de notre code, à peine, en cas de faillite, d'être déclaré banqueroutier frauduleux. Enfin, cette remise de contrat de mariage, doit encore être faite, sous les mêmes peines, dans l'année de la publication du présent code, par tout époux séparé de biens, ou marié sous le régime dotal, qui, au moment de ladite publication, exercerait la profession de commerçant.

Cette thèse sera soutenue le 1er août 1835, à 10 heures du matin.

Vu par le Président de la Thèse,

MALPEL.

Toulouse. — Imprimerie de Marie ESCUDIER, rue St-Rome, n° 26.

www.ingramcontent.com/pod-product-compliance
Lightning Source LLC
Chambersburg PA
CBHW050358210326
41520CB00020B/6363